AF252672

CORRESPONDANTS DE PEIRESC

I

DUBERNARD

UNE LETTRE INÉDITE ÉCRITE D'AGEN A PEIRESC

EN 1628

PUBLIÉE ET ANNOTÉE

PAR

Philippe TAMIZEY DE LARROQUE

AGEN

IMPRIMERIE DE P. NOUBEL. — FERNAND LAMY, SUCCESSEUR

LES CORRESPONDANTS DE PEIRESC

I

DUBERNARD

LES
CORRESPONDANTS DE PEIRESC

I

DUBERNARD

UNE LETTRE INÉDITE ÉCRITE D'AGEN A PEIRESC

EN 1628

PUBLIÉE ET ANNOTÉE

PAR

PHILIPPE TAMIZEY DE LARROQUE

AGEN

IMPRIMERIE DE P. NOUBEL. — FERNAND LAMY, SUCCESSEUR

1879

UNE LETTRE INÉDITE

ÉCRITE D'AGEN A PEIRESC

EN 1628.

Un des plus glorieux vétérans de la noble armée des travailleurs, M. Natalis de Wailly, a bien voulu annoncer à l'Académie des Inscriptions et Belles-Lettres, dans la séance du 10 janvier 1879, que j'ai formé le projet de publier l'immense correspondance de Nicolas-Claude Fabri de Peiresc. Cette nouvelle, communiquée à la savante Compagnie en termes trop flatteurs pour moi, a été accueillie par elle avec une sympathie que je regarderai toujours comme le plus précieux des encouragements. Puisse ma publication, à laquelle je consacrerai tout le reste de ma vie, justifier l'espoir que M. de Wailly et ses confrères ont daigné mettre en l'énergie de mes efforts et la persévérance de mon ardeur !

Déjà, pendant un séjour de quelques semaines à Carpentras, où l'on conserve, dans la magnifique bibliothèque donnée à cette ville par un homme dont tous les érudits doivent à jamais bénir la mémoire, par l'évêque Dominique-Joseph Malachie d'Inguimbert, la plupart des manuscrits de Peiresc, j'ai commencé à transcrire les documents destinés au recueil qui devient *mon objectif*. J'en ai même transcrit quelques autres qui ne doivent pas entrer dans ce recueil, et c'est ainsi que je puis aujourd'hui donner à la *Revue agenaise* une lettre adressée à mon héros, le 15 juin 1628, où l'on trouvera quelques détails nouveaux sur les hommes et les choses de notre région.[1] Cette lettre a été écrite par un certain Dubernard, lequel était attaché, probablement en qualité de secrétaire, à la maison de M. d'Andrault, un des membres les plus considérables du Parlement de Bordeaux.[2] J'ai le regret de ne pouvoir rien dire de plus sur ce demi-inconnu, qui, comme on va le voir, ne se servait pas trop mal de sa plume, et qui, se montrant à la fois intéressant nouvelliste et aimable écrivain, ne me semble pas indigne de l'honneur d'avoir été — un jour et par hasard — le correspondant de l'illustre Conseiller au Parlement de Provence.[3]

PH. TAMIZEY DE LARROQUE.

---

[1] *Lettres diverses en original adressées à M. de Peiresc* en deux registres in-folio, t. I, fᵒ 329.

[2] Voir sur ce Conseiller, appelé quelquefois *Dandraut*, l'*Histoire du Parlement de Bordeaux*, par M. Boscheron Des Portes, t. I, p. 484; t. II, p. 34, 36, 201. Il est souvent question de ce magistrat dans les *Archives historiques du département de la Gironde* (notamment tomes II, III, IV, VI, XIII, XIV). J'ai lu dans le registre d'où j'ai tiré les lettres de Dubernard, deux lettres de M. d'Andrault, dont une est datée d'Agen, le 25 février 1628.

[3] On vient de publier à Bordeaux (chez Féret) une brochure, tirée à un très petit nombre d'exemplaires et ornée d'une belle eau-forte, de Grenier Dubreuilh, brochure que je recommande à tous mes lecteurs, et qui est intitulée : *Une lettre inédite de Peiresc, abbé de Guitres, au cardinal de Sourdis avec introduction et notes par* ANTOINE DE LANTENAY, membre correspondant des Académies de Metz et de Dijon (in-8° de 28 p.). Je n'ose dire tout le bien que j'en pense, l'auteur ayant gêné ma liberté d'appréciation par l'amicale indulgence avec laquelle il a parlé de moi.

MONSIEUR,

Vostre dernière despeche du mois d'Avril accompagnée d'une lettre de M. de Valavez [1] et de certains vers latins imprimés, furent rendus par la voye de M. de Mons,[2] le mois passé, à M. d'Andrault, mon maistre. Il vous supplie de ne le taxer point de mescoignoissance de son devoir s'il ne vous a point encore accusé la réception de ceste despesche ny rescript à mondict sieur de Valavez, les offres duquel n'adjoustent rien à la créance qu'il a prinse de la courtoisie qui se trouve d'ordinayre et en vous et en luy. Il est aux escoutes de savoir si son procureur, le sieur Pothonier, par vostre faveur et credit aura obtenu un arrest portant commandement à un huissier de vostre Cour de Parlement de venir en ceste contrée se

---

[1] C'était le frère cadet de Peiresc. Il s'appelait Palamèdes Fabri, seigneur de Valavez et de Calas, baron de Rians. Il était gentilhomme ordinaire de la chambre du Roi. Voir sur lui une excellente note de M. de Lanthenay, (p. 23 de la brochure que je viens de mentionner).

[2] Sur ce conseiller au parlement de Bordeaux, voir, outre l'ouvrage déjà cité de M. Boscheron des Portes (en ayant soin de se méfier de la *Table des Noms* où abondent les identifications impossibles), les *Archives historiques du département de la Gironde* (*passim*), recueil auquel je renvoie, du reste, d'une manière générale pour tous les membres qui vont suivre du parlement de Bordeaux. Ce n'est pas de notre *de Mons* qu'il s'agit, sous l'année 1606, dans l'historiette du tome II, p. 20, de la *Chronique bordelaise* de Jean de Gauffreteau publiée par M. Jules Delpit pour la Société des Bibliophiles de Guyenne (Bordeaux, Lefebvre, 2 vol. in-8°, 1876-78), mais d'un magistrat, son homonyme, qui était peut-être son père. On possède, à Carpentras, plusieurs lettres de Peiresc à M. de Mons et deux lettres de ce dernier à Peiresc. Dans le registre 51 de la collection des manuscrits de la bibliothèque d'Inguimbert, presque tout rempli de documents relatifs à l'abbaye de Guitres, on remarque (f° 3) une lettre du chevalier de Forbin à M. de Mons, en faveur du nouvel abbé, lettre où le chevalier appelle le conseiller au parlement de Bordeaux *Monsieur mon très cher frère*. Le même chevalier de Forbin (*Ibid* f° 2, v°) recommande Peiresc à M. d'Andrault, ainsi qu'au cardinal de Sourdis, au premier président de Gourgues, et aux présidents du Bernet, de Lalane et de Pontac (f° 1 et 2).

charger des pièces faulces que sa partie M. le Vicomte Duza [1] fuit et fuyra de donner. Mondict sieur et maistre se réserve à vous escripre par ledict huissier qu'il croyt estre en chemin. Il fait conscience de vous occupper en la lecture de ce qu'il pourroit vous escripre du costé de la Rochelle,[2] suprepozant que vous estes mieux adverty que luy de tout ce qui s'y passe, et mesmement à présent que vous y avès affidés et grands corespondans, M. vostre Archevesque [3] et ses Secrétaires. Encore moins vous doit-il occupper en vous faisant part de ce qu'on luy dit du progrès des armes (*sic*) ausqueles comande M. de Montmorency.[4]

Il m'a comandé, s'en allant au Palays, et aprenant qu'il y avoit à la poste homme qui demandoit des chevaux pour prendre la route de vostre contrée, de vous envoyer les ci-enclozes de M. de Mons,[5]

---

[1] Honoré de Lur-Saluces, chevalier de l'ordre du roi, gouverneur du Château-Neuf de la ville de Bàyonne, seigneur et vicomte d'Uza, baron de Malengin, de Fargues, vicomte d'Aureillan, etc. (*Notice généalogique sur la maison de Lur*, etc., Bordeaux, 1855, p. 28).

[2] A cette date, le siége de La Rochelle, commencé le 10 août 1627, n'était pas encore près de sa fin. La forte citadelle des Huguenots ne devait capituler que quatre mois et demi plus tard, le 29 octobre. Le Cardinal de Richelieu, partageant les illusions qui, de tout temps, ont été chères à des assiégeants, écrivait en juin 1628 au frère de Louis XIII. (Recueil de M. Avenel, tome III, p. 121) : « Jugeant par toutes sortes de raisons La Rochelle estre [à l'extremité, j'envoie sçavoir si vous voulez avoir vostre part du plaisir de la prise, qui ne sera pas petite... Je vous y convie de bon cœur. »

[3] L'archevêque d'Aix était, depuis 1626, le frère aîné du cardinal de Richelieu, Alphonse Louis du Plessis, qui allait être transféré à la fin de 1628 sur le siége de Lyon.

[4] Le duc de Montmorency venait de soumettre plusieurs places dans le Vivarais et le Bas-Languedoc. Voir *l'Histoire du règne de Louis XIII* par le P. Griffet, t. II, p. 589-590.

[5] La lettre de M. de Mons, datée du 11 juin 1628, se trouve à l'état de copie dans le registre 51, f° 453 et 454. M. de Mons y prend en ces termes congé de son neveu, M. d'Andrault : *Je serai toute ma vie vostre très humble oncle et serviteur.*

Duduc [1] et Rubran [2] qu'il ne vient que d'achever de lire et de la lecture desquoles vous recuïllirés quelques petites occurances qui au temps de vos vacquations vous donneront un peu de divertissement.

Il m'a chargé aussy de chercher certaine relation qui se proumène icy de la procédure qui a esté faicte à Limoges contre une extravagante soy disant Reyne d'Angleterre qui a esté depuis quelques jours, à ce qu'on nous dit, pour sa folle supposition, condampnée au fouet. Mais je ne crois pas avoir assez de loisir pour trouver ladicte relation que je vous envoyray au premier jour par autre voye. [3]

-----

[1] Sur Jacques Du Duc, conseiller au parlement de Bordeaux, il faut citer, outre la *Chronique bordelaise* de Jean de Gaufreteau et les documents réunis dans divers volumes des *Archives historiques du département de la Gironde* (principalement dans le tome II), les *Mémoires* de Jacques Numpar de Caumont, duc de la Force, le *Mercure François* (tome IV), etc. J'ai donné, en appendice, sous le n° I, la lettre de Jacques Du Duc annoncée par Dubernard.

[2] Voir à l'appendice, sous le n° II, quelques extraits d'une lettre de M. de Rubran à Peiresc, extraits qui complètent à certains égards les récits de Dubernard. J'ai pensé qu'il était inutile d'y joindre une autre lettre de Rubran à d'Andrault (du 11 juin 1628), ainsi que la lettre du même jour de M. de Mons, lesquelles ne renferment rien que le lecteur ne sache déjà.

[3] J'aurais bien voulu retrouver la relation promise à Peiresc par son correspondant, mais elle n'est signalée dans aucun des catalogues de pièces rares du xvii° siècle, que je viens de feuilleter. De savants bibliophiles, de curieux *spécialistes*, par moi consultés à ce sujet, m'ont déclaré qu'ils n'avaient jamais rencontré la pièce en question.

Je dois à l'obligeante amitié d'un homme profondément versé dans la connaissunce des choses du Limousin, M. Clément-Simon, ancien procureur-général à Aix, ce supplément à mon insuffisante note : Le fait de la pseudo-reine d'Angleterre poursuivie à Limoges en 1628 n'est pas inconnu, mais je ne crois pas qu'il en ait été publié une relation imprimée. Voici ce qu'on lit dans l'*Histoire de Saint-Martial* de Bonaventure de Saint-Amable (Limoges, Voisin, 1685, in-fol. tome III). (*Annales du Limosin*), page 836 : « Cette même année, une bateleuse contrefaisant la reine d'Angleterre et disant s'en estre fuye de ce païs à cause de la persécution du Roy contre les Catholiques, après qu'elle eut quelque temps abusé les citoyens et se faisant traiter en reine dans le monastère de Sainte-Claire, fut enfin décou-

Cependant, Monsieur, vous scaurés qu'on vient de rescepvoir icy tout à la foys deux deplaisantes nouvelles. La première qu'il n'a pas réussy à M. le Prince et à M. Despernon au devant Sainte-Afrique, qu'ils avoient assiégee ; [1] la seconde que la peste est dans Tholoze, [2] dans la maison d'un advocat du Roy, nommé M. Chiron, et dans le couvent des pères Jacopins ; que les Consuls de ceste ville ont prins résolution de n'y laisser plus entrer ceux qui viendront du costé du dict Tholoze, en sorte que plusieurs hommes de qualité de ceste ville les fammes desquels estoient allées à ceste feste de Pentecouste audict Tholoze en dévotion pour visitter les cors sainctz, entre lesqueles il y a des fammes de MM. les Conseillers du Parlement qui servent, ceste année, en ceste Cour et Chambre de l'Esdit, [3] auront à se divertir quarantaine sans pouvoir entrer dans ceste ville, en laquelle est attandu

verte, porta la peine de ses fourberies, fut publiquement fustigée par la ville de Limoges et puis bannie. Ce qui donna bien sujet à plusieurs de rire et se moquer de leur simplicité en cette occurence. »

[1] Ce fut le 6 juin que le prince de Condé [Henry II de Bourbon] fit donner à la ville de Saint-Affrique (Aveyron) un assaut vigoureusement repoussé. Voir sur l'échec éprouvé par l'armée royale devant Saint-Affrique *l'Histoire de la Vie du duc d'Espernon* par Guillaume Girard (édition de 1739, in-4., p. 427-428). On peut encore consulter la *Relation du siége de Saint-Afrique fait en 1628 par le prince de Condé et le duc d'Epernon*, publiée par M. A. Germain (de l'Institut), d'après le manuscrit d'Aubais, avec introduction, notes et variantes (Montpellier, 1874, in-4º).

[2] La peste était encore bien grande à Toulouse quelques mois plus tard, comme nous l'apprend une lettre du 8 octobre 1628, écrite par la marquise de La Force à la maréchale de La Force et insérée par M. de La Grange dans le tome III des *Mémoires* de J.-N. de Caumont, p. 292. Voir sur la terrible maladie qui sévit alors dans la plus grande partie de la France, le savant mémoire de M. Adolphe Magen : *La Ville d'Agen pendant l'épidémie de 1628 à 1631* d'après les *registres consulaires* (Agen, 1862, p. 6 et 7). Voir encore : *Pestes et Inondations de Toulouse de 1628 à 1634, récit officiel de Rob. Miron, commissaire de l'enquête sur ces désastres, publié pour la première fois avec préface et notes par L. de La Pijardière.* (Montpellier, 1875, petit in-4.).

[3] Je me garderai de mettre la moindre note sur la Cour et Chambre de l'Edit qu'a si bien fait connaître aux lecteurs de la *Revue de l'Agenais*, en la précédente livraison, l'*Introduction* à la *chronique d'Isaac de Pérés*.

dans troys jours, mondict sieur Despernon [1] qui fait battre aux champs et levée de deux mil hommes par les soings et par le minis- tère de M. le baron de Monferran, Mareschal de Camp de son armée pretendue,[2] lesquels hommes, on croyt, seront employés à aller faire le deguast des bledz de ceux de Montauban [3] jacoit que lesdits Mon- talbanoys jusques aujourd'huy n'ayent point ouvertement levé le masque de rébellion.

Je croy, Monsieur, que vous aurés aprins par autre voye que le vieil M. Perruequeau, président religionnayre en ceste Cour et Cham- bre de l'Esdict se lessa mourir le moys passé [4] et qu'il fust pompeu- sement conduit au tombeau par MM. les Conseillers religionnayres marchant en corps avec robes et bonnets carrés et le corps du défunt

---

[1] Jean-Louis de Nogaret, duc d'Epernon, était alors âgé de 64 ans. Je ne puis, en rencontrant ce nom, ne pas saisir avec empressement l'occasion de m'associer à tous les éloges si délicatement donnés ici par mon ami, M. Magen, à la fine et remarquable étude de M. George de Monbrison, inti- tulée : *Un Gascon du xvie siècle. Le premier duc d'Epernon*. (Paris, 1878, in-8°). Tout en admirant la frappante et vivante esquisse tracée par l'habile main de M. de Monbrison, je ne saurais dire avec quels regrets je renonce à voir la même main peindre le vaste et beau tableau qui aurait représenté l'his- toire de la maison de La Valette tout entière. Voir les vœux que j'exprimais à cet égard dans les *Notes sur la Vie et les ouvrages de l'abbé Boileau*, 1877, in-8', p. 106.

[2] Probablement le fils de ce marquis de Montferrant que G. Girard appelle (p. 236) *l'ami et le serviteur particulier* du duc d'Epernon (à l'année 1610).

[3] Sur cette opération, qui s'accomplit « avec beaucoup de bon succès, » comme l'assure le même historien [page 429], je ne citerai que le mémoire de feu M. Charles Pécantin intitulé : *Le dégât de Montauban* (*Recueil des travaux de la Société des Sciences et Arts d'Agen*, v. VII, 1855, p. 190).

[4] D'après un document que j'ai publié dans les *Archives historiques du département de la Gironde* (v. X, p. 298), le sieur de Peyruqueau, dès le 6 juin 1600, avait été présenté au roi comme candidat aux fonctions de Conseiller en la chambre mi-partie de Guyenne, par les députés des églises réformées de France réunis à Saumur. M. Boscheron Des Portes a, d'autre part, indiqué la nomination de Peyruqueau, d'après le *Journal* de Cruzeau (*Histoire du Parlement de Bordeaux*, v. II p. 327). Le nom de Peyruqueau, que l'on retrouve dans la *Chronique* d'Isaac de Pé ès, a été omis dans la *France protestante*.

porté charitablement sur les espaules de MM. les Advocats religionnayres. Ceste pompe funèbre, non contredite par M. le Président
Pichon [1] et MM. les Conseillers du Parlement, Commissaires, ceste
année, en ceste Cour et Chambre a esté contreditte dans le Parlement, et leur tolérance réprouvée.

On nous dit que la charge dudict sieur Président Perrucqueau est
accordée par Brevet à un Juge subalterne, Lieutenant-Général de la
ville de Bergerac, nommé Charon [2] au préjudice du traité qu'a fait
avecq la vefve et héritiers dudict défunt, Président, l'Advocat du Roy
de ceste Cour et Chambre religionnayre, nommé Bacalan, [3] homme
savant et pertinant et déjà chargé d'années [4] qui depuis l'installation
de ceste Chambre de l'Esdict a toujours servy la dicte charge d'Advocat du Roy, avecq réputation de savant homme, mais de très pas-
sionné à l'avantage du party et de leurs Eglises, pour raison de quoy
MM. du Parlement de Bourdeaux soubdain après le décès dudict
sieur Président Perrucqueau qu'il trayttoit de ceste charge, se sont
assemblés et ont résolu de supplier très humblement sa Majesté par
lettres (ce qui a esté exécuté), qu'il pleust à sa dicte Majesté de ne

---

[1] C'était François de Pichon, second président au parlement de Guyenne,
père du président Bernard de Pichon, qui fut bien plus célèbre que lui.

[2] André Charon, lieutenant-général de Bergerac, est plusieurs fois mentionné dans les *Mémoires* du duc de La Force. Voir surtout la page 149 du
tome II où sont signalées les intrigues de cet ancien ennemi de la maison
de Caumont.

[3] C'était Jean de Bacalan, fils aîné de Symphorien de Bacalan, sur lesquels on peut consulter l'article *Bacalan* de la nouvelle édition de la *France
protestante* (deuxième partie du tome I, 1877, p. 639). Jean de Bacalan avait
été nommé, sur la présentation de l'assemblée de Saumur, le 6 juin 1600,
substitut de l'avocat du Roi à la Chambre mi-partie de Guyenne et il
devint ensuite avocat-général en la même Chambre à Nérac et à Agen. Voir
sur ce magistrat, sur son mariage et sur sa famille, divers détails dans la
Chronique d'Isaac de Pérès.

[4] M. Henri Bordier, le nouvel et si consciencieux éditeur de la *France
protestante*, n'a pas pu indiquer la date de la mort de M. de Bacalan, déjà
chargé d'années en 1628. Il a cité seulement une pièce des *Archives départe-
mentales de Lot-et-Garonne* (B. 56), qui prouve que le vieux magistrat vivait
encore en 1635.

ourvoir point de ceste charge de Président pas un des officiers exer-
çant à present office en la dicte Cour et Chambre de l'Esdict.

Monsieur, vous agréerés, pour grossir vostre première despeche,
que les ci-enclozes reviennent en mes mains. J'ay ordre de vous
deschifrer [1] un article contenu en cele de M. Rubran, parlant de
certain prisonnier.

Vous serés mémoratif d'un accidant qui survint icy, il y a troys
ans, à M. le Conseiller Duduc qui. un soir, au rencontre de M. le
Président Pontac, son beau-fils,[2] mist la main à l'espée et thua un
homme quy accompagnoit le dit sieur Président Pontac. Or, en ce
temps, on print deux des domestiques dudict sieur Conseiller Duduc ,
lesquels furent en cette ville, par les présidiaux, condampnés aux
gualères. M. le défunt Cardinal de Sourdys [3] s'estant entremis d'ac-
comoder et passifier ceste affaire, mondict sieur le Président Pontac
ne voulust jamais comprendre dans l'accommodement les dicts deux
domestiques, mais donna sa parolle à mon dict sieur le Cardinal qu'il
consantoit à l'eslargissement desdits prisonniers et qu'ils ne seroient
jamais, directement ny indirectement, par lui poursuyvys, mais qu'il
ne vouloit point aussy qu'ils se justifiassent ni fussent pour l'avenir
domestiques dudict sieur Duduc, ny fissent leur demeure dans la ville
de Bourdeaux, condition que mon dict sieur le Conseiller Duduc
avalla, contre l'advis de mon dict sieur et maistre, prevoyant que ce
seroit un jour entre eux sy mondict sieur, l'authorizé et accreditté en-
tremetteur de paix. M. le Cardinal arrivoit à défailir, une pierre d'acho-
pement. Or, Monsieur, il est arrivé que depuis le décès du dict Seigneur
Cardinal, il est survenu subject de noize et contestation entre mondict

---

[1] C'est-à-dire expliquer.

[2] Geoffroy de Pontac, qui avait été nommé conseiller au parlement de
Bordeaux en 1590, devint président à mortier au même parlement en
remplacement de Marc-Antoine de Gourgues (décembre 1616) et, plus tard,
premier président. Il avait épousé Anne Du Duc et il eut d'elle Arnaud de
Pontac, qui fut premier président après la mort de son père (1649). Voir la
généalogie *de Pontac* dans le *Nobiliaire de Guyenne*, liv. II, 1858, p. 356

[3] François d'Escoubleau, cardinal de Sourdis, était mort depuis quelques
mois seulement (8 février 1628.

sieur le Président Pontac et Duduc dans le Palays, lequel M. Duduc, n'estant non plus que mondict sieur et maistre en la bonne grâce de M. Despernon,[1] et M. le Président Pontac s'y estant enrollé, il l'a requis que par son authoritté il peult trouver facilitté à la capture des dicts domestiques et de fait on a surprins celuy qui est retenu à présent hors des prisons royalles, dans un chateau particulier resserré estroitement par le commandement de mondict sieur le Gouverneur qui croyt porter mon dict sieur Duduc de le requerir de facilitter la liberté du dict prisonnier et d'obtenir de mondict sieur le Président Pontac qu'il se départe de son entreprise de faire de nouveau paroittre sur le bureau ceste procédure criminelle par la sucitation d'un autre proche parant de l'homicide par le dict sieur Duduc et ses domestiques et par ceste voye l'obliger, comme ont fait presque tous les autres du Parlement, faire hommage, et mondict sieur et maistre avoit trouvé moyen de faire esvader le dict prisonnier qui a esté reprins depuis peu de jours. Mondict sieur et maistre prévoyt qu'à l'arrivée en ceste ville de M. le Gouverneur, la bile sera esmeué et qu'il le déchirera de menasses, parlant de luy et de son entreprinse afin de mettre en liberté un homme qu'il a fait capturer. Mais mondict sieur et maistre est resolu de s'armer de patience et ne cesser pas par l'aprehension de sa grandeur et authoritté d'antreprendre de servir de son petit et foyble pouvoir ses amys.

Je suis, Monsieur, vostre très humble et très obéissant serviteur.

D'Agen, ce 15 Juing 1628.

DUBERNARD.

---

[1] L'inimitié qui existait en 1628 entre le duc d'Epernon et M. d'Andrault durait encore plus de vingt ans après, et Dom Devienne (*Histoire de la ville de Bordeaux*, 1771, p. 307), nous apprend qu'en 1649, le Conseiller ayant été fait prisonnier à la bataille de Libourne, l'insolent vainqueur se moqua de lui en ces termes : « *Monsieur, on vous a pris la pique à la main : c'est dans cet état que je veux vous présenter au Roi.* »

APPENDICE.

I

LETTRE DE M. DU DUC A M. D'ANDRAULT.[1]

« Monsieur, vous aurez sceu que le Roy ayant par une lettre de cachet envoié pouvoir à M. Servian[2] estant à Bayonne de faire et parfaire le procès à quelques pirates, ledict sieur Servian les a condemnez et faict exécuter dont le Parlement offensé bailla arrest par lequel il est ordonné qu'il sera informé contre luy et inhibitions à luy de prendre la qualité d'Intendant de la justice en la province et aux officiers ny magistratz du roy de le recognoistre. Caussay, huissier, estant allé à Bayonne pour lui signifier l'arrest, il l'arreste prisonnier deux jours et, aprez lui avoir faict signiffier une ordonance contenant en substance que ledict Servian luy faict inhibitions d'exécuter l'arrest de la Cour à peine de punition corporelle et à tous officiers de defferer à l'arrest du Parlement à mesmes peines, le laisse aller. Ceste ordonnance [est] conceue en des termes pleins de mespris et de scandale pour le Parlement. La Cour, les Chambres assemblées, décrète contre ledict Servian de prinse de corps et ordonne que les exploits faicts au poteau seront bons et valables et que son

---

[1] Copiée dans le registre 51, folio 453.

[2] Abel Servien, marquis de Sablé et de Boisdauphin, alors âgé de 32 ans, était intendant de justice en Guyenne depuis 1627. Sur cet éminent homme d'Etat voir une récente et excellente monographie de M. René Keriler : *Le Maine à l'Académie française. Abel Servien, négociateur des traités de Westphalie, l'un des quarante fondateurs de l'Académie française. Etude sur sa vie politique et littéraire.* (Le Mans, 1878, grand in-8° de 216 pages.)

ordonnance sera bruslée au devant le palais par main de bourreau, ce qui fut hier exécuté.[1] C'est dont j'ay voulu entretenir ou amuser la faim de vostre esprit pour les nouvelles. »

Bordeaux, 10 juin 1628.

II

Extrait de la lettre de M. de Rubran à M. de Peyresc.[2]

... Je ne scai si vous avés sceu ce qui se passa en cette ville il y a environ trois ans entre M. le président Pontac et M. le conseiller Du Duc, servans tous deux en qualité de commissaires du Parlement en cette Cour et Chambre. Il y avoit entre eux des rancunes sur ce que ledict sieur conseiller Du Duc soubstenoit que le dit sieur président Pontac lui avoit ravi sa fille pour l'espouser contre son approbation et sans la luy avoir demandée. A la suite de cette rancune un soir de l'esté à leur rencontre survint un meurtre d'un habitant de cette ville qui accompagnoit ledict sieur président duquel meurtre mondict sieur Du Duc fust soupçonné et deux de ses domestiques arrestez et jugés et condamnés par le présidial de cette ville aux gallères. Monsieur le cardinal de Sourdis s'estant entremis d'accorder ces personnes de qualité, la vefve et héritiers du deffunct furent satisfaicts. M. le conseiller Du Duc justiffié par les formes ordinaires de la justice et les prisons ouvertes à ces deux innocens valets. Depuis le decez de mondict seigneur Cardinal de Sourdis il est arrivé quelque nouveau malentendu entre ledict sieur president Pontac et ledict sieur conseiller Du Duc, lequel M. d'Espernon n'aime pas pour estre du nombre de ceux qui ne le sont pas allés salluer depuis sa réconciliation avec le Parlement. Le dict seigneur à son arrivée en ceste ville a faict commandement au vi-sénéchal de se saisir de la personne d'un des domestiques dudict sieur Du Duc qui

---

[1] Voir sur la querelle de Servien et du parlement de Bordeaux la page 22 du travail que je viens de citer.

[2] *Lettres diverses en original adressées à M. de Peiresc*, liv. II, folio 600.

avoit esté condamné comme a esté dict et le detient d'authorité hors
des prisons roialles et semble jusques icy vouloir favoriser la passion
dudict sieur president Pontac, beau-fils dudi t sieur Du Duc, au préjudice de la parolle qu'il avoit donnée à deffunct M. le Cardinal de
Sourdis, en presence de M. son frère lors evesque de Maillezais.[1]

Agen, ce 13 avril 1628.[2]

---

[1] Henri d'Escoubleau de Sourdis, troisième frère du Cardinal, était évêque
de Maillezais depuis 1623 ; il devint Archevêque de Bordeaux le 16 juillet
1629 (*Gallia Christiana*, liv. II, folio 853).

[2] J'emprunte à la même lettre les renseignements que voici sur le séjour
à Agen, en avril 1628, du duc D'Espernon et de son fils le Cardinal de la
Valette : « M. D'Espernon arriva en cette ville le troisiesme de ce mois et
M. le Cardinal de la Valette, son fils, y arriva le lendemain. Ils ont eu de grands
entretiens en particulier et à huis clos. Mondict sieur D'Espernon, par
l'entremise d'un des siens avoit faict sentir à quelques siens confidents de
cette Cour et Chambre de l'Edict qu'il auroit à plaisir que dans la dicte
Cour on resolust d'envoier saluer par commission, mon dict sieur le Cardinal
son fils puisque la dicte Cour et Chambre en avoit ainsi usé en la personne
de deffunct M. le Cardinal de Sourdis, mais qui avoient ordre de sonder la
Compaignie, plustost que de se descouvrir en public, pressentirent des particuliers qui composent ladicte Cour que cette proposition ne réussiroit pas
par la pluralité des voix, de sorte que mondict sieur le Cardinal de la Valette
n'a point esté sallué par Commissaires de la dicte Cour en Chambre, mais
bien de tous les particuliers qui la composent excepté de mondict sieur
d'Andrault, qui croit avoir esté traicté si desraisonnablement par mondict
sieur d'Espernon qu'il se peut dispenser de rendre des debvoirs aux enfants
dans l'estendue de sa charge. Il leur a à tous semblablement rendu la visite
mesme aux Conseillers religionnaires. Mondict sieur d'Espernon et le dict
seigneur Cardinal de La Valette partirent d'icy samedy huictiesme de ce mois
pour aller à Grenade, au rendez-vous assigné par Monseigneur le Prince. »
Les annalistes de l'Agenais n'ont pas mentionné les incidents consignés
dans cette note.

31 Aout

31 Aout